程琳◎著
布谷童书◎绘

陕西历史博物馆

博物馆里的中国

山西出版传媒集团 三晋出版社

陕西历史博物馆 古都明珠、华夏宝库 **02** 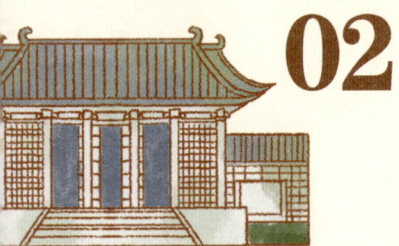	**调兵遣将的"密码"** 错金杜虎符 **04** 	**异域风小"怪兽"** 战国金怪兽 **08** 	**地平面下的帝国军团** 跪射兵马俑 **12**
机智的环保灯具 彩绘雁鱼铜灯 **16** 	**方寸乾坤** 西汉皇后之玺玉印 **20**	**香烟绕"仙山"** 鎏金银竹节铜熏炉 **24** 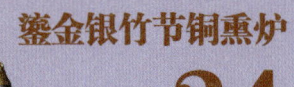	**多面人生的见证** 西魏独孤信多面体煤精组印 **28** 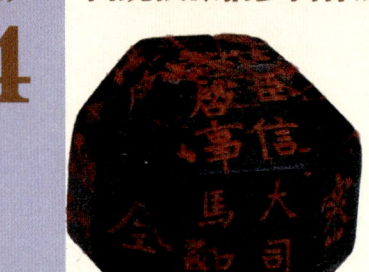
唐朝的异域风情 唐兽首玛瑙杯 **32** 	**驼背上的乐队** 唐三彩骆驼载乐俑 **36** 	**来自盛唐千秋的舞步** 鎏金舞马衔杯银壶 **40** 	**壁画中的大唐威仪** 阙楼仪仗图 **44** 
千年前的暗香 葡萄花鸟纹银香囊 **48** 	**跟着唐人去狩猎** 狩猎出行图 **52** 	**曲水流觞的浪漫** 鎏金蔓草纹银羽觞 **56** 	**奇妙的"魔壶"** 青釉提梁倒灌壶 **60** 

参观须知

关于开放时间

周一全天闭馆整修（国家法定节假日除外），采取夏、冬季不同时段开放博物馆的政策，夏季时段参观时间为 08:30—18:00，16:30 游客停止入场，冬季时段参观时间为 9:00—17:30，16:30 游客停止入场。

关于预约参观

博物馆已经全面实行"实名制网络预约门票"，所有人必须预约参观。预约好门票的观众需要按照预约的时段、带上身份证检票入馆。

关于其他服务

博物馆配有物品储存柜、充电宝、医药箱等便民设施、设备，还开放游客综合服务区。在服务区内，游客可以在参观之余享受美食、饮品。

陕西历史博物馆
古都明珠、华夏宝库

河南博物院真是太有趣啦！我已经迫不及待想去下一站了！

我也是，我也是！我们接下来去哪儿呀？

耶

下一站陕西历史博物馆，小分队集结准备！

出发——

博物馆档案

馆　　名： 陕西历史博物馆

地　　点： 西安南郊唐大雁塔的西北侧

馆区占地： 65000 平方米

馆藏精品： 商周青铜器、历代陶俑、汉唐金银器、唐墓壁画等

荣誉榜： 国家一级博物馆、中央地方共建国家级重点博物馆、被联合国教科文组织确认为世界一流博物馆、被评选入"中国20世纪建筑遗产"、首批"AAAA"级旅游景点

简　介： 陕西历史博物馆筹建于1983年，1991年6月20日落成开放，是中国第一座大型现代化国家级博物馆，被誉为"古都明珠、华夏宝库"，它的建成标志着中国博物馆事业迈入了新的发展里程。馆藏文物171.795万件（组），其中，一级文物762件（组）、国宝级文物18件（组），国家级文物中有2件为首批禁止出国（境）展览文物。

唐风建筑

陕西历史博物馆的馆舍仿照了唐代的建筑风格，由"中央殿堂，四隅（yú）崇楼"的唐风建筑群组成，彰显了盛唐风采。轴对称的馆舍布局，主次分明，井然有序，大气磅礴，既体现了民族传统与地方特色，又将时代精神融于其中。

陕西历史博物馆的建筑总设计师张锦秋，是中国工程院首批院士。她的设计代表作还有长安塔、大唐芙蓉园等。

底蕴深厚

回顾陕西在历史长河中的倒影，我们就会发现包括周、秦、汉、唐等辉煌盛世在内的13个王朝都曾在此建都。

伴随着朝代更迭、历史变迁，这里留下了秦始皇陵、唐十八陵等诸多陵墓，埋葬着无数珍贵的历史文物，成就了陕西历史博物馆通古达今的丰富馆藏。从远古时期的石器到与当代社会生活息息相关的展品，都是陕西文化遗存与历史底蕴的见证，也多方面展示着陕西历史文化和中国古代的灿烂文明。

调兵遣将的"密码"
错金杜虎符

国宝档案

长 9.5 厘米　高 4.4 厘米

错金杜虎符

材质：青铜
所属年代：战国
现藏于：陕西历史博物馆
出土地：陕西省西安市

国宝小档案

小小一块铜符就能调遣千军万马？错金杜虎符就能做到！这件国宝级的文物来自群雄并起的战国时代，虎作站立状，昂首挺胸，虎口半张，虎尾上卷，两腿前曲，仿佛下一刻就会扑向猎物，颇有虎啸风生之势。

小虎符，大权力

虎符是什么呀？

符，是古代朝廷用于传达命令、调兵遣将的一种特殊凭证。"虎符"，顾名思义，就是做成虎形的符。

虎符　搜索
虎符－图片

那虎符该怎么用呢？

虎符分为左右两半，君王持右半符，地方军事长官执左半符。只有左、右半符丝毫不差地对合在一起，才能调动军队。从国宝杜虎符上的错金铭文来看，这枚左半符就是掌握在杜地的军事长官手中的那一半兵符；要想调兵超过50人，左符须与右符契合无误才能发兵。若遇紧急情况，不必合符，也可出兵。

错金铭文	搜索

错金铭文 - 图片

咦，自己照着做个虎符也能带兵打仗吗？

你想得也太简单喽！杜虎符的制料青铜不易获取，工艺也极为复杂。虎符左、右两半都设有扣齿和扣槽，相当于独一无二的"密码"。普通人根本见不着虎符，更别提破解"密码"啦！

虎符扣齿和扣槽	搜索

虎符扣齿和扣槽 - 图片

窃符救赵

虎符虽难以伪造，但历史上却发生过一起窃取虎符的著名事件。

战国时，秦国派兵围攻赵国的都城邯郸。赵国打不过秦国，忙向魏国求救。魏王却害怕秦国的威胁，虽然派出了军队，却下令驻守赵国边境，按兵不动。

赵王没有办法，只好又求助于魏国公子——信陵君魏无忌。

面对赵王的求救，信陵君以国家利益为重，冒险请求魏王的姬妾如姬从魏王那里盗出了兵符。

有了兵符，信陵君成功夺取兵权，击败秦军。这样既救了赵国，又巩固了魏国在当时的地位，史称"窃符救赵"。

姓名：魏无忌
性格：为人宽厚，礼贤下士
封地：信陵
地位："战国四公子"之首

虎将配虎符

这么重要的兵符,古人为什么要把它做成虎的形状呢?

这和"百兽之王"威猛雄壮的形象有关,特别适合与军队联系在一起。

虎将、虎师、将门虎子等词语都是用来称赞军队、将领或士兵勇猛善战的。于是,这份军事崇拜延伸到兵符上,自然就有了"虎符"。

唉,可惜看不到杜虎符合起来的样子……

别灰心,出土的秦铜制虎符可不止这一件,也有完整的虎符哦。

阳陵虎符就是非常珍贵的虎符全件。它的个头比杜虎符还要小些,呈卧虎状,左、右两半符的虎颈背上各有相同的错金铭文 12 字——甲兵之符,右在皇帝,左在阳陵。从铭文内容来判断,这应该是秦始皇时代的兵符。

符形"变变变"

唐朝初年,因为唐高祖李渊的爷爷名字中有"虎"字,所以虎符被改成了鱼符。模样虽变,但"密码"的核心概念大同小异,也是将鱼符一分为二,内壁设有一个凹凸的"同"字。将两半鱼符合起来,"同"字能对应上,这时才能成功验明身份。"合同"一词,就是这么来的。

鱼符一般长约 6、宽约 2 厘米,方便随身携带。

武则天在位时，鱼符又被改成了龟符。官员还会按官品高低佩戴龟袋，有金龟袋、银龟袋和铜龟袋，这才有了李商隐诗中的"金龟婿"，指的就是身份高贵的女婿。

贺知章还拿金龟换过酒，请李白喝呢！

猛虎与"萌虎"

虎符塑造的老虎形象不都是威风凛凛的猛虎，其实还有一些"萌虎"藏在文物中。

这双黄缎钉金线虎头小裕鞋，以杏黄色缎为鞋面，虎头生动传神，神态颇为可爱，当是清代小皇子所穿。

虎枕在金代很流行。这件黄地黑彩雁衔芦苇纹虎枕的老虎乖乖地趴卧着，不见威武之姿，反而显出了几分憨态可掬的模样。

这只青玉虎形佩塑造的老虎形象更是不带一点儿攻击性，低首拱背，曲肢卷尾，萌感十足。

异域风小"怪兽"

战国金怪兽

国宝档案

高 11.5 厘米
通长 11 厘米

战国金怪兽

材质：金
所属年代：战国
现藏于：陕西历史博物馆
出土地：陕西省神木市纳林高兔村

国宝小档案

展柜里这只金灿灿的"小怪兽"名叫战国金怪兽。它由黄金制成，做工精湛，托座呈花瓣形。战国金怪兽出土于陕西境内一座匈奴人的陵墓中，被推测为匈奴首领帽上的冠饰，是北方草原匈奴文化的珍贵遗存。

猜猜"我"是谁

快看，这件文物和你长得好像啊！

它的角有些像鹿角，但我的嘴巴可不长这样……

其实啊,这件战国金怪兽还真是个"四不像",它有着羊的身体、鹰的嘴巴、鹿的犄角和蝎子的尾巴。

如果你再仔细点儿观察,还会发现金怪兽的两只角是由 8 对身体相连的小鸟组成的,连尾巴也是一只小鸟的造型。这么小一只金怪兽,全身上下居然隐藏了 17 只小鸟呢!

关于金怪兽的奇特造型究竟有何来历,目前学界对此有 3 种猜测:

蛊雕图

《山海经》中的在逃神兽

《山海经》中记载有一种传说中的神兽——蛊雕。它似鸟非鸟,样子像雕,头上长角,和金怪兽的鹰嘴与鹿角颇有几分相似。

飞廉图

古籍中的常客

还有一种传说中的神兽,叫作飞廉。因它能操纵风,又被称为"风伯"。它在《楚辞》《孟子》《史记》等书中都有形象的记载,身似鹿,头如雀,尾如蛇,头上还有角,也和金怪兽长得挺像。

游牧民族的图腾

围绕金怪兽的"身世",还有一种图腾说。因为金怪兽的四足明显是食草动物的偶蹄,身上又藏着飞鸟,透着一股浓厚的草原风,很适合用来作为凝聚整个草原游牧民族的图腾。

脑洞大开的饰品

我要是也有一只金怪兽……

真好看! 真好看!

别看这只金怪兽长得奇奇怪怪,用途却并不奇怪。有专家根据莲花形底座上的 12 个小孔推测,它应该是某位身份显赫的匈奴首领帽子上的冠饰,这些小孔就是起固定作用的。

匈奴人的最炫草原风

奔腾的骏马，悍勇的猛虎，温驯的卧羊、卧鹿……这些动物们都为匈奴这个古代北方游牧民族提供了艺术灵感，从而留下了许多光华绚丽的"草原风"金属饰品。

这件战国马纹金饰件，直径 6.6 厘米，呈圆形薄片状。中央那匹骏马浮雕栩栩如生，四蹄生风，马尾上扬，好似在草原上奔腾，极具动态美。

这件虎咬牛纹金饰牌带饰，绳纹边框内雕刻着四虎咬牛的图案，四只猛虎两两对称，噬咬牛的颈部、腰部，牛则奋力反抗，用双角刺穿虎耳，把草原上大型兽类相互斗争的场面刻画得非常生动。

不同于牛与虎的搏斗，这件虎噬（shi）鹿纹银牌饰上的纹样，再现的是草原上更加悲壮、残酷的弱肉强食。一只鹿被踏于猛虎大张的血盆大口之下，显得毫无反抗之力，似乎下一秒就会被尖利的虎牙咬断细长的脖颈。

一套四件的盘角卧羊铁芯包金带具，两两成对，分别由带饰和带扣组成。带饰采用高浮雕与圆雕相结合的造型技术，用金片锤揲成盘角卧羊状的图案。这只金羊四肢内曲，体态安详，抬头前视，仿佛正安卧于草场之上，没有惨烈的厮杀，展现出了北方草原的宁静之美。

同样出土于神木市的银卧鹿共五件，三雌两雄。鹿呈伏卧状，四肢蜷曲，两耳竖起，昂首前视。雌鹿的双角弯曲，向后倾斜，工艺精湛；雄鹿姿态也活灵活现。银卧鹿是匈奴族雕刻工艺的杰作。

地平面下的帝国军团
跪射兵马俑

国宝档案

高 128 厘米

跪射兵马俑

材质：陶
所属年代：秦代
现藏于：陕西历史博物馆
出土地：陕西省西安市临潼区秦始皇兵马俑二号坑

国宝小档案

陕西最出名的文物无疑是秦始皇陵兵马俑，而这件跪射俑则是兵马俑中的精品，且保存完好。"他"身披铠甲，神情肃穆，是大秦帝国万千战士的缩影，似与其他陶俑一起，仍在这地平面下的疆场演绎着金戈铁马的传奇。

符形"变变变"

可实战的铠甲

跪射俑身着的铠甲十分讲究，胸部的甲片是上片压下片，腹部和臂甲是下片压上片，叠压方式都符合实战的要求。

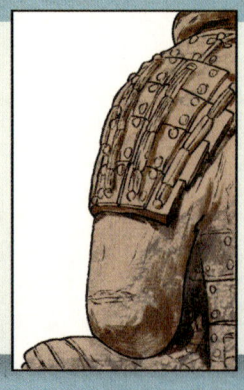

超细腻的发型

看这发髻的编结，瞧那发带的花结，跪射俑的发型被雕刻得一清二楚。

高还原的针脚

大家注意到跪射俑右脚鞋底上密密麻麻的针脚了吗？通过对人脚着地后，摩擦部位轻重不同的细致观察，雕塑者高度还原出了真实生活中"两头密，中间稀"的针脚，真是下足了功夫！

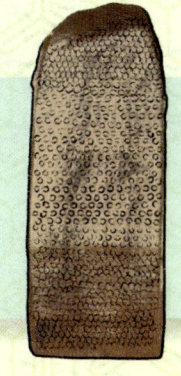

秦军的高级装备

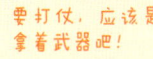

唉，他手里原本是不是握着什么东西呀？

要打仗，应该是拿着武器吧！

没错，这尊跪射俑双手所呈现的正是持弩待发的姿势。

弩是弓的升级版。它比弓的威力更大，射程更远，命中率也更高，算得上冷兵器时代最具杀伤力的远射武器之一。

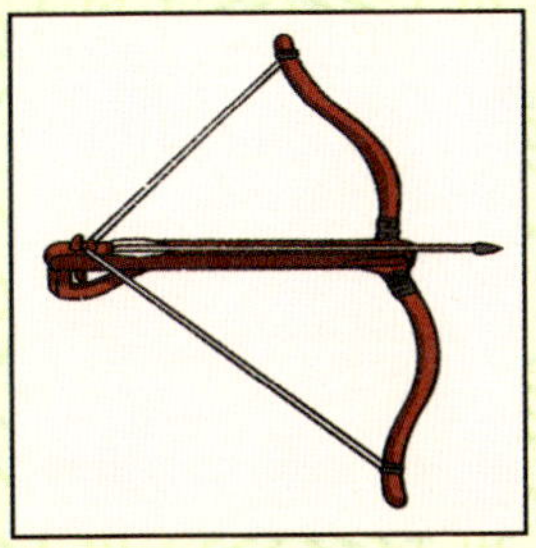

秦始皇兵马俑坑中有大量弩的痕迹，出土的弩机还都是青铜制成的。其制造工艺精湛，各机件的尺寸都很精确，可见秦军是不缺这种高级装备的。

不过，士兵每次张弩、装箭都需要一定的时间，这难免会给敌人可乘之机。秦人为此想了个排布弩兵方阵的法子：将跪蹲的士兵置于阵中的核心位置，外围立射的士兵射击后蹲下，换跪蹲的士兵站起射击。二者轮番交替，箭矢不断，敌人就无法趁势逼近了。

这件跪射俑出土时，四周就分布着立射俑呢。

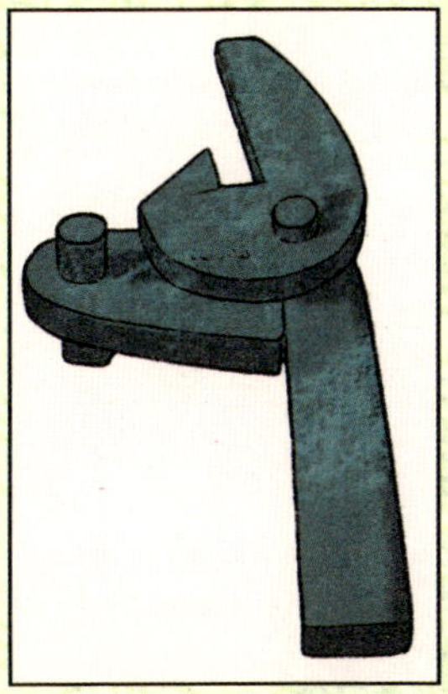

秦始皇的陪葬军团

俑，是一种代替活人殉葬的人偶，通常以木或陶等制作而成，但体型往往远小于真人。

秦始皇兵马俑正是秦始皇的陪葬品。

不过，秦始皇对俑有着更高的要求。小型俑并不稀奇，要做就做仿照真人比例的大型俑，打造庞大、逼真的陪葬军团，这才有了被称为"世界第八大奇迹"的秦始皇陵兵马俑！

他跪着怎么都比我们骑在马上高！

22.6厘米

128厘米

兵马俑图鉴

秦始皇陵兵马俑按照秦国军队的兵种划分，包含了诸多不同身份的将士，共同护卫地平面下的大秦帝国。

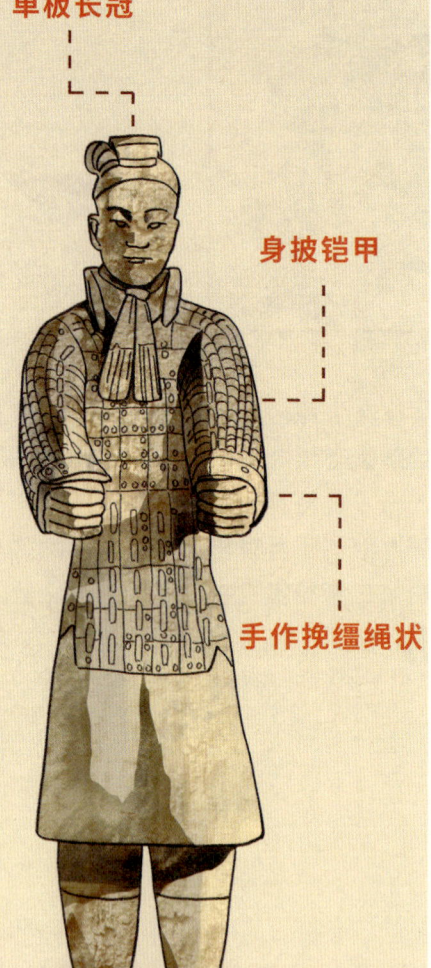

我开战车的经验可丰富了！

- 单板长冠
- 身披铠甲
- 手作挽缰绳状

- 锥髻
- 交领长襦
- 外披铠甲

- 锥髻
- 外披铠甲
- 交领长襦

驭手由我们来保护！

机智的环保灯具
彩绘雁鱼铜灯

国宝档案

高 54 厘米
宽 33 厘米

彩绘雁鱼铜灯

材质：青铜
所属年代：西汉
现藏于：陕西历史博物馆
出土地：陕西省神木市店塔村西汉墓

国宝小档案

瞧，这只体态圆润的鸿雁双足并立，正伸长脖颈张嘴衔鱼呢！来自西汉的这盏彩绘雁鱼铜灯由衔鱼的雁首、雁身、两片灯罩及灯盘四个主要部分构成，是一件设计精妙的环保灯具。它的整体造型做得雅趣横生，是汉代青铜器中不可多得的珍品。

文物里的天鹅们

别以为古人不懂得过绿色环保低碳的生活，这盏彩绘雁鱼铜灯就是古人环保理念的见证。
不信？那我们就一起来探究这灯中的巧思吧！

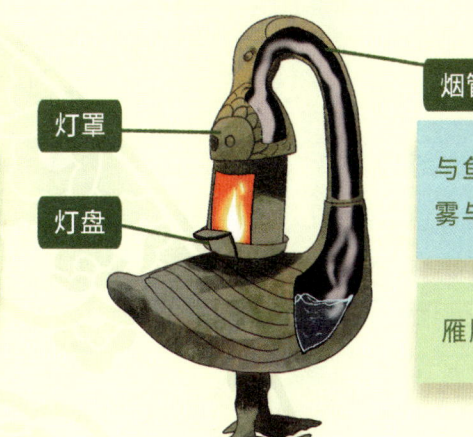

鱼身处的灯盘和灯罩都可以转动，既能挡风、不跑烟，又能调节光照的方向，一举两得。

灯罩　烟管　灯盘

与鱼身相通的雁颈相当于导烟管。鱼身中灯火燃烧产生的烟雾与废气，上升至雁颈后，通过颈部再导入雁腹。

雁腹内中空，盛有清水，用来吸收经过雁颈的烟油。

怎么样，古人的环保智慧不容小觑吧！彩绘雁鱼铜灯并非环保器物的个例，中山靖王刘胜妻窦绾（wǎn）墓中出土的长信宫灯也是一件环保杰作。

长信宫灯，被称为"中华第一灯"。灯体是一位双手执灯跪坐的宫女，通体鎏金。宫女一手执灯，另一手看似在用袖子做挡风的动作，实际上"袖中"却另有玄机。

看来，汉代工匠这是把隐藏式的导烟管给玩儿明白了。设计出的环保灯具既美观又实用，与彩绘雁鱼铜灯有着异曲同工之妙。

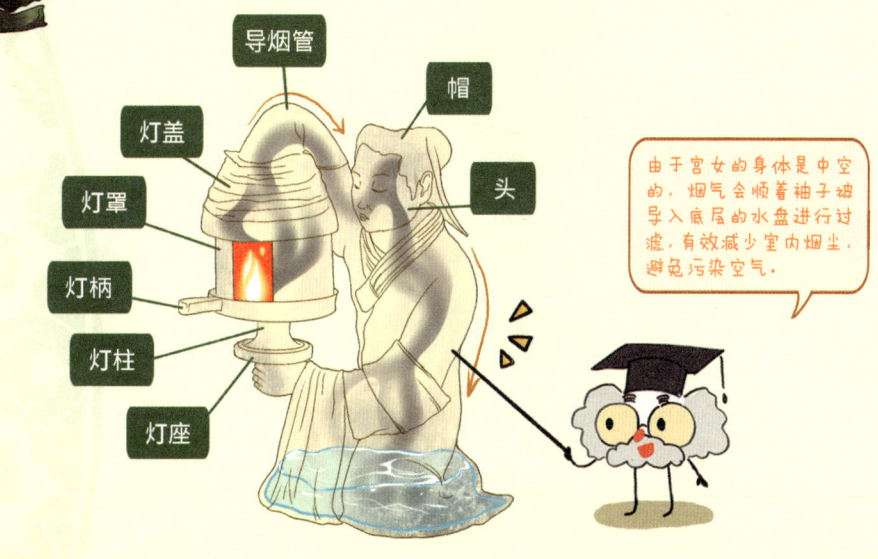

导烟管　帽　灯盖　头　灯罩　灯柄　灯柱　灯座

由于宫女的身体是中空的，烟气会顺着袖子被导入底层的水盘进行过滤，有效减少室内烟尘，避免污染空气。

鸿雁衔鱼

鸿雁在中国传统文化中被视为灵物，也象征着爱情的忠贞。同时，"鱼"与"余"同音，是"富裕"的象征，而"衔鱼"又有"获胜"之意。因此，这盏铜灯以"鸿雁衔鱼"来作为灯身造型，融入了古人对美好生活的期盼。

不过，有时匠人熔铸的动物形象也并非都会取其全貌。

比如这件汉代的雁足灯就只选用了大雁的足部为灯体。这样的设计非但不显怪异，反而因为塑造出的雁足力量感极强、形神兼备，令观者忍不住去想象这只大雁的全貌，平添了几分趣味。

汉灯的璀璨光华

除了"鸿雁衔鱼"的题材外，汉灯中还有不少以动物或瑞兽形象为原型创作的灯具，它们都被寄予吉祥、美好的寓意。

西汉羽纹青铜凤灯

凤凰是传说中的瑞鸟，是天下太平的象征。这盏西汉青铜灯外形仿凤鸟而制，双足并立，昂首回望，长尾垂地，不仅体态优美，还增加了灯具的稳定性。

鎏金铜鹿灯

自古以来鹿就是祥瑞、长寿的象征，鹿衔灵芝的形象也多有"长寿安康"之意。这盏铜灯中的鹿昂首屈膝，张口衔芝，托起灯盘，设计得精巧又十分美观。

> 这回轮到我补充啦！鹿在古代还是权力、财富的象征，深受统治者的喜爱，要不怎么还有个词儿叫作"逐鹿中原"呢？

汉代龟鹤铜灯

龟代表长寿，仙鹤寓意长青，灵芝是返老还童之仙药。这盏龟为灯座、鹤为灯柱、灵芝为烛托的龟鹤铜灯，其祥瑞要素还真不少呀！

红绿釉陶灯

传说中，金鸟象征着太阳，蟾蜍、玉兔则是汉代月亮的象征。这盏陶灯将日、月相合，意为"明"，即昼夜长明，亦包含了"长命"的美好祈愿。

东汉绿釉熊灯

熊是护卫辟邪、镇墓守陵的象征。这盏灯的灯碗下，一只头顶竹节状灯柱的熊跪坐于圆形台座上，正视前方，大嘴张开，如同一名忠心耿耿的守卫。

汉石辟邪灯

辟邪是中国古代传说中的一种神兽，有镇宅辟邪的灵性，还能够招财纳福。这盏石灯盘面中央就有一辟邪张口露齿，背顶圆柱，雕刻得栩栩如生，是石器灯中少见的精品。

方寸乾坤
西汉皇后之玺玉印

国宝档案

西汉皇后之玺玉印

材质：玉
所属年代：西汉
现藏于：陕西历史博物馆
出土地：陕西省咸阳市韩家湾狼家沟

通高2厘米
2.8厘米见方

国宝小档案

可不要小瞧了这件还没巴掌大的国宝印章，它的用料却是极珍贵的新疆和田羊脂白玉。作为汉代皇后玉玺的唯一实物资料，西汉皇后之玺对研究秦汉帝后玺印有着十分重要的价值，故被列入《第三批禁止出国（境）展览文物目录》。

藏在方寸间的"秘密"

印纽很威风——螭虎

认识这只盘踞在国宝玺印上方的异兽吗？它叫螭（chī）虎。相传它为龙子之一，代表着神武、权势与王者风范。作为印章顶端的带孔雕饰——印纽，就在这只双目圆睁的螭虎腹下，以便穿绶系带，将印佩戴在身上。

汉代印章的印纽样式很多，与佩带者的身份有关。螭虎纽只能帝后用，诸侯王用驼纽，高官多用龟纽，还有蛇纽、羊纽等是颁赐给少数民族首领的。

驼纽　　龟纽　　蛇纽　　羊纽

印主不简单——刻文

这枚玉玺底部的刻文字体是古代字体之一——篆书。许多字的模样与我们现在通用的楷书，确实大不一样。图中这四个字就是篆书的"皇后之玺"。

那它是哪位皇后的印章呢？

目前，学界有两种看法，一种认为它就是汉太祖刘邦的皇后——吕雉（zhi）之物，另一种观点则认为皇后之玺应是代代相传的，并不专属于某个皇后，不过若说其曾为吕后所有，倒是完全有可能的。

小学生大发现

作为两汉时期唯一一枚皇后印玺，其价值难以估量。但谁又能想到，发现它的非但不是专业的考古学家，反而是个小学生呢？

那是1968年9月的一个傍晚，咸阳市的韩家湾小学放学了。13岁的小学生孔忠良走在回家的路上，意外在路边捡到一块儿很漂亮的"石头"。

他开开心心地把"石头"带回了家。孔爸爸一瞧就意识到这块"石头"说不定是件珍贵的文物，赶忙带给专家鉴定。鉴定结果就是文物，父子俩最终将其上交给了国家，这才让我们有机会能在博物馆中一睹国宝的风采。

印章大小知多少

既然这件国宝是汉朝皇室所用的印章，那你一定要问了：
皇后的印章为什么不做得更大、更霸气一些呢？汉印都这么小吗？
那不妨让我们来看看各个朝代印章的尺寸吧！

秦印：半块方印也是印

秦印的制度严格，规定只有皇帝的印独称玺，其他人用的印章就只能称为印。秦官印的常见大小，也就 2~2.5 厘米见方。低级小吏的印章甚至只有方形印的一半儿，呈长方形，称为半通印。

汉印：主打的就是"迷你"

汉印印面的尺寸较秦印印面并没有过多的改变，因为印章要盖在简牍外封泥的泥块上，这种封泥要放在卷起的简牍外，做得太大不方便，印章自然也就不需要多大尺寸了。《汉旧仪》中规定"通官印方寸大"，而帝后的玺印则可略大，为汉制的方一寸二，约 2.8 厘米。所以，西汉皇后之玺其实已经是汉印里的"Plus 版"啦！

秦国铜鼻纽"工师之印"

2.1 厘米 × 2.1 厘米

秦半通印

1.9 厘米 × 1.0 厘米

隋唐、宋元："官印"变形记"

隋唐开始，官印的印面尺寸渐渐变大，印面边长为5~6厘米，这与诏书、公文的载体从简牍转为纸张、绢帛有着密切的关系。及至宋元官印，尤其是元代官印的尺寸又比前代增加不少，一般为6~8厘米见方，甚至还有12厘米见方的。

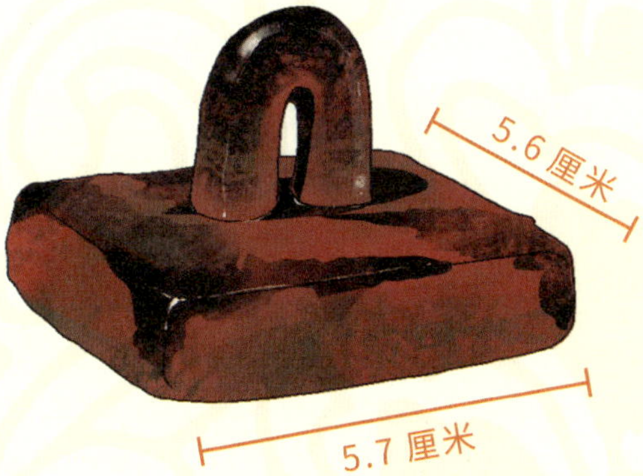

唐铜高鼻纽『中书省之印』 5.6厘米 × 5.7厘米

元代『统领释教大元国师青玉印』 12.2厘米 × 12.2厘米

明清：大印当道

到了明清时期，官印不仅印面尺寸增加，印把手也在逐渐增高。比起秦汉时的官印，那可已经算得上是"大块头"喽。

明代铜柄纽『鳌山卫后千户所百户印』 7.2厘米 × 7.3厘米

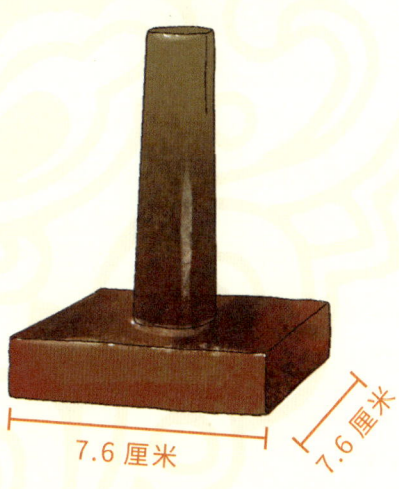

清代铜柱纽『文县守御所印』 7.6厘米 × 7.6厘米

香烟绕"仙山"

鎏金银竹节铜熏炉

国宝档案

通高 58 厘米

鎏金银竹节铜熏炉

材质：铜
所属年代：汉代
现藏于：陕西历史博物馆
出土地：陕西省兴平市茂陵

国宝小档案

瞧，在灯光的映衬下，展柜中笔直矗立的鎏（liú）金银竹节铜熏炉金光闪闪，色彩鲜明，很难想象它竟来自2000多年前的西汉。这件国宝级的文物通体鎏金鋈（wù）银，精雕细琢，是一件罕见的艺术精品。

熏的是香，更是意境

作为焚香器物，鎏金银竹节铜熏炉的观赏性可一点儿都不比实用性差，几乎每处设计都饱含文化意蕴。

仙山遐想

这件熏炉的炉盖形似层峦，是典型的博山炉造型。博山是传说中的海上仙山，西汉帝王好寻长生不老之术，大都信奉方士神仙之说，博山炉就是在这种风气下应运而生，并流行起来的。

试想一下，焚香之时，香烟袅袅，山峦造型的炉盖仿佛仙山，在海上的云雾中若隐若现，可不就满足了当时人们对登临仙山、羽化升仙的无尽遐思吗？

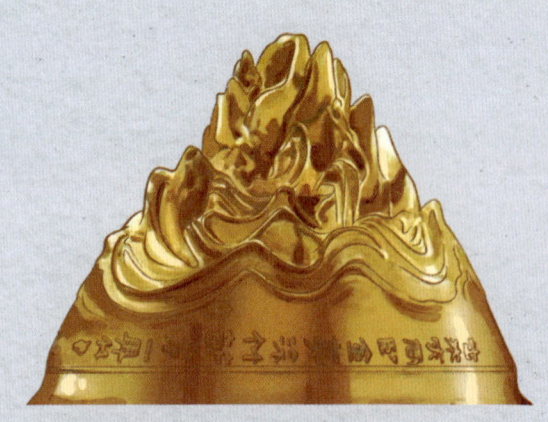

无独有偶，汉代中山靖王刘胜墓中出土的一件博山炉，集仙山、大海、神龙、异兽、草木、人物于一体，其工艺水平足可令人拍案叫绝，也是一款豪华熏炉呢。

西汉错金博山炉

互动小问答：

汉代盛传的海上仙山一共有三座。你知道除了博山外，另外两座山的名称是什么吗？

答案：蓬莱、瀛洲。

九龙气韵

除了仙山外，整个熏炉上所铸的九条金龙也非比寻常。它们既是至尊皇权的象征，又是匠人的"神来之笔"。

炉体上有四条龙，龙首回顾，龙身从波涛中腾跃而出，线条流畅。炉柄上端的三条蟠龙则托起了炉身。炉底上雕着的两条蟠龙昂首张口，咬住炉柄。这使得炉底、炉柄与炉身这三个部件被自然地衔接起来，浑然一体。

唷，这熏炉柄一节一节的，难道还能伸缩？

哈哈，那恐怕不行！

以竹为柄

其实，这件熏炉的炉柄被设计成了竹子的形象，共分五节。在中国传统文化中，竹是君子的化身，因此，以竹为柄也寄托了君子修身立德之志，寓意深远。

御赐之物

雕有九条龙的华贵熏炉，其主人的身份必然尊贵非常。专家在熏炉的炉盖与底座上都发现了铭文。从"内者未央尚卧"等字样可以得知，此炉是西汉皇家未央宫的生活用器。此外，在与这件熏炉同时出土的其他铜器上，还发现了"阳信家"的铭文字样。由此，有专家推测，鎏金银竹节铜熏炉应该是汉武帝赐给他的姐姐阳信长公主的礼物。

阳信长公主是汉武帝刘彻一母同胞的姐姐，因为她的封地是阳信，故被称为阳信长公主。

历史悠久的"香"文化

扈江离与辟芷兮
纫秋兰以为佩
——屈原《离骚》

熏炉与香文化息息相关。中国的香文化历史悠久，早在春秋战国时期，人们就已经开始佩戴香草。屈原的《离骚》中，就有把江离和辟芷这两种带有香气的植物插在衣服上，把秋兰结成配饰挂在服饰上的语句。

到了秦汉时期，熏香之风日盛，贵族阶级更甚。东汉时就出过一位"熏香达人"，叫作荀彧。他特别喜欢熏香，据说他只要去别人家坐一坐，那坐过的地方都会香上整整三日呢。

我最近收集了不少精品香方，等它调出来，肯定比你们的都香！

你们能闻得出我今天熏的是什么香吗？

还是闻闻我的吧，这是我自己新调的香！

宋代的文人雅士就更不得了了，个个都沉迷焚香，居家在焚香，上朝要焚香，会客要焚香，连参加科举考试都要焚香……

此外，作为香文化的鼎盛时期，宋代各种新型香料频出。其中一种从异域传入的舶来品，叫作"蔷薇水"，可谓风靡一时。这种储存在琉璃瓶里的"香水"，既可洒在衣服上，也可调入女子的化妆粉里使用，常在两宋的诗词中出现。

我一定要成为整条街最香的姑娘！

炉瓶三事

焚香文化发展至明清时期，虽比宋代进一步民间化，却也依旧是名士生活的"标配"。若能在几案上摆上《红楼梦》中提到的"炉瓶三事"，即香盒、香炉、香箸瓶这三样香具，那真是好生风雅呀！

多面人生的见证
西魏独孤信多面体煤精组印

国宝档案

高 4.5 厘米
宽 4.35 厘米

西魏独孤信多面体煤精组印

材质：煤精

所属年代：南北朝

现藏于：陕西历史博物馆

出土地：陕西省旬阳市

国宝小档案

这枚印章的主人是南北朝西魏名将独孤信。印章的材料与形状都很特别，集多面印文于一体，是迄今发现的唯一一枚楷书印，是研究南北朝印玺制度的珍贵资料，被称为"稀世国宝"。

一印多用，真奇巧

独孤信多面体煤精组印是目前发现印面最多的印章，共有8条棱26个面。其中14个正方形印面上都有楷书印文，可谓"面面俱到"，集公文用印、上书用印和书信用印于一体。

那么，这14个印文该怎么用呢？

一、公文用印系列

大司马印 　大都督印 　刺史之印 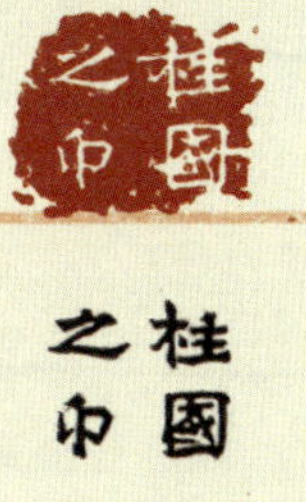　柱国之印 　　　令 　　密

这四个印文，信息量不小，包含了独孤信在不同时期所任的一些要职。陇右十州大都督、秦州刺史、大司马和柱国大将军，这些官职的权力可都不小呢！

魏晋南北朝时期，上级对直属下级发布命令时称"令"，而"密"应是"秘密"或者"机密"之意。

二、上书用印系列

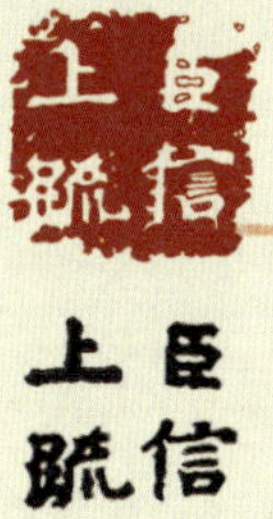

臣信上疏 　臣信上章 　臣信上表 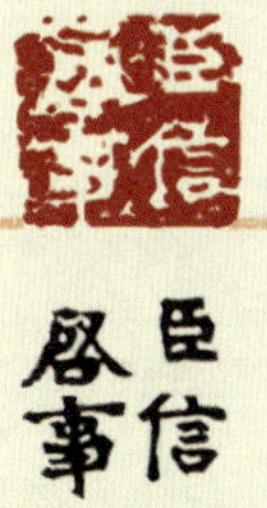　臣信启事

这四个印文一看就是独孤信在给皇帝上书时使用的。议政用"疏"，谢恩用"章"，陈情用"表"，陈事用"启事"，不同情况用不同的印文，很是讲究。

三、书信用印

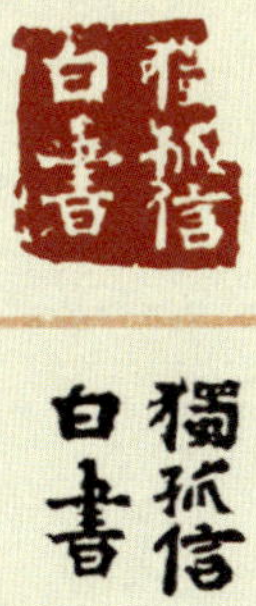

独孤信白书 　信白笺　　　　　耶敕

平日里书信往来，不比给皇帝上书那么郑重，印文就不用以"臣"字开头啦。

这个印文是父亲专属。"耶"在南北朝时指父亲，"耶敕（chi）"的意思就是"父亲的训诫"，正好用于独孤信写给子女们的信。

怎么样，这枚印章既能当官印，又能做私印，把独孤信的多面人生一印搞定，很不错吧？

柱国之印在哪一面儿来着？

煤中精华，好奇妙

独孤信印不仅设计奇巧，材质也很奇特。

不同于青铜、金银、陶土等常见的工艺品制作原料，煤精听起来一定很陌生吧？不过，煤精在原料界其实也是相当"资深"的。它又称煤玉、黑琥珀，质地细密坚韧，光泽感很强，使用历史最早可以追溯到新石器时代，常被用于雕刻饰品。

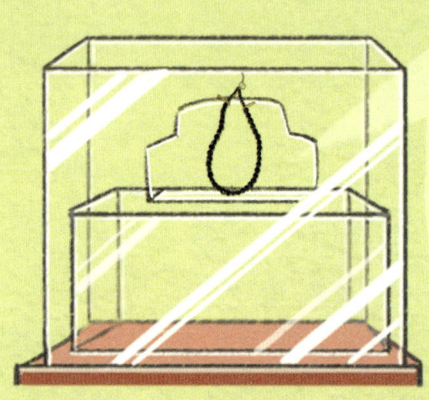

煤精耳珰形饰，沈阳新乐遗址出土　　　　煤精组合项饰，韩城梁带村芮国遗址 26 号墓出土

独孤郎又帅又会打仗

假如南北朝也有热搜榜，那么一定有不少热门词条属于这枚印章的主人——独孤信。

1　独孤郎又帅又会打仗　19:28登顶　热

独孤信，西魏八大柱国之一，生于北方鲜卑贵族家庭。他不仅容貌英俊，还善于骑射。他年少从军，在乱世之中南征北战，立下赫赫战功，极富名望。

3 独孤信帽子歪了也好看 1255496 新

在秦州时,独孤信有一次打猎归来晚了,策马疾驰入城时,一个没留神,戴的帽子歪了一点儿。谁知第二天,帽子歪戴就成了全城效仿的时尚了。

小贴士
"侧帽风流"这个典故就是由此而来的,形容本人长得好看,因此他的疏忽之举也会成为世人称赞的对象。

不 最会挑女婿的老丈人 热

长女,北周明帝宇文毓皇后,谥号明敬皇后。

四女,嫁给唐朝开国皇帝李渊的父亲李昞,追封元贞皇后。

七女独孤伽罗,隋文帝杨坚皇后,谥号文献皇后。

由于独孤信的三个女儿在周、隋、唐三朝都嫁入了皇室,因此,"三朝老丈人"就成了独孤信众多头衔中的一个。

只可惜,独孤信的结局没能善终。他在朝廷内部的政治斗争中,被权臣宇文护逼迫自尽,只留下这枚奇特的印章,来见证他传奇的多面人生。

唐朝的异域风情
唐兽首玛瑙杯

国宝档案

口径 5.9 厘米
高 6.5 厘米
长 15.6 厘米

唐兽首玛瑙杯

材质：玉
所属年代：唐代
现藏于：陕西历史博物馆
出土地：陕西省西安市南郊何家村

国宝小档案

别看这件国宝长得像号角，它可不是用来吹奏的乐器，而是用来喝酒的酒杯！这件唐兽首玛瑙杯以缠丝玛瑙制作而成，杯体为角状兽首形，两只兽角弯曲，可为杯柄。它作为唐代与西域各国文化交流的"混血儿"，意义非同一般，还被列入《首批禁止出国（境）展览文物目录》了呢。

有"杯"自远方来——来通杯

这里的金帽是可以打开的哦。

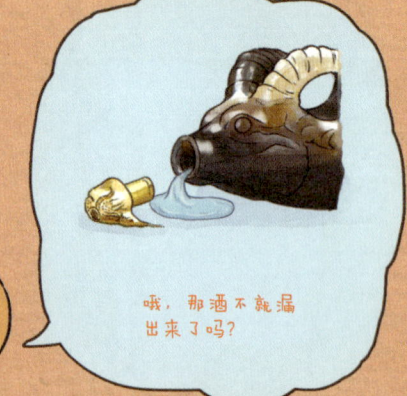

哦，那酒不就漏出来了吗？

别怀疑，唐兽首玛瑙杯的兽嘴部的小孔，可绝不是工匠一时"手误"留下的哦。

学术界普遍认为，它的造型源自西方一种叫作"来通"的酒杯。"来通"是希腊语的译音，有流出的意思，大多做成兽角的形状，一般在酒杯的底部有孔。喝酒时，只要握着杯身，将敞口朝上举起，杯中酒水自然就能从小孔中流出饮用了。这么喝酒，是不是很特别，很有趣？

河南安阳北齐围屏石榻

来通杯的演变

以来通杯饮酒固然新奇，但这种饮酒方式多在胡人宴饮中常见。咱们古人还是更习惯执着杯柄，从敞口饮酒。

于是，唐工匠在延续来通杯器型的基础上，舍弃了兽首有孔吐水的功能，将兽首塑造成回头折首咬尾或衔花枝的姿态，使之自然形成可执的杯柄，打造出了一系列"中式"来通杯。

"卧鸭式"

唐三彩鸭衔荷叶杯，杯作卧鸭回首衔尾状。鸭长嘴，弯颈，尾作荷叶状杯口。

"龙首式"

唐三彩印花龙首杯，杯身一端饰有龙首，龙曲首回顾，口吐浪花，与另一端的杯口相接形成环柄。

"犀角式"

唐三彩象首杯，呈犀角形，象鼻上翘形成环形杯把。

这么看来，来通来通，还真是见证了中、西方文化的往来与通达啊。

巧夺天工的俏色玉雕

唐兽首玛瑙杯是已发现的唯一一件唐代的俏色玉雕。

那么，什么是俏色玉雕呢？"俏色"其实是一种玉雕匠人利用玉石的天然色彩和纹理，使作品的造型与颜色融合、统一的技法。

商俏色玉鳖经

再来欣赏一件清代俏色玉雕中的佼佼者。

红白玛瑙蝙蝠桃树花插

迄今，我国发现年代最早的俏色玉器，还要属殷墟出土的商俏色玉鳖经。工匠保留了玉石原有的黑褐色玉皮，巧琢成鳖的背甲；同时，把头、腹、足处的玉皮去除，露出青、白颜色，只留双目和爪上的一点儿爪尖，真是巧夺天工呀！

这件红白玛瑙蝙蝠桃树花插，巧借玛瑙自带的红、白、粉三色，雕琢出古树干、山石、蝙蝠等，色彩和谐又极富层次，惟妙惟肖。

玛瑙，在中国古代又称"琼玉"或"赤玉"。一块玛瑙上常会呈现多种颜色，因此是制作俏色玉器常用的材料。

唐朝酒杯真华丽

唐朝人好饮酒，所谓"葡萄美酒夜光杯"，用来畅饮美酒的酒杯可不能将就。快来看看唐朝的华丽酒杯吧！

水晶八曲长杯

水晶八曲长杯，和兽首玛瑙杯一样，也是中、西文化交流的产物。杯形呈长椭圆形的多曲瓣状，不同于我国传统的圆形杯体，这正是波斯第二帝国（萨珊王朝）所流行的样式。你瞧，这杯壁薄如蝉翼，晶莹剔透，用它饮酒，真是美的享受呢！

掐丝团花纹金杯

大唐的金银器制作工艺已十分精湛，别致的环形把手造型受西域粟特工艺的影响。这只掐丝团花纹金杯杯体上的掐丝团花纹饰，制作得细致入微，杯沿与杯底还各有一朵金丝如意云相衬。整件文物既彰显了盛世的奢靡华贵，又融合了异域情调，异趣横生。

唐鎏金蔓草花鸟纹高足银杯

可别以为只有咱们现代才有高脚杯，当时在罗马就已有使用高足杯饮酒的风潮，并且随着东、西方文化交流的加深，高脚杯在唐朝的王公贵族与有钱人家渐渐流行了起来。这只杯身下接细柄高足的银杯就是例子。

这么漂亮的酒杯，都该舍不得用了吧！

驼背上的乐队
唐三彩骆驼载乐俑

国宝档案

唐三彩骆驼载乐俑

材质：陶
所属年代：唐代
现藏于：陕西历史博物馆
出土地：陕西省西安市西郊中堡村唐墓

高 58 厘米
长 43 厘米

国宝小档案

听，这是哪里传来的西域乐声？原来是一支以驼代步、载歌载舞、巡回演出的乐队啊！唐三彩骆驼载乐俑以细致的做工，将一幅精美绝伦的民族间文化交融的微缩画卷重现在了我们眼前，这对研究盛唐音乐、歌舞、服饰、文化交流等都极具参考价值呢。

乐队面面观

行走的舞台——骆驼

大唐盛世开放包容，吸引了众多胡人来华交流、行商。于是，作为"沙漠之舟"的骆驼就成了他们从西域远道而来的主要交通运输工具，也频繁地出现在了唐三彩器形的塑造中。

这件文物塑造的骆驼四足挺立在长方形踏板上，引颈张口作嘶鸣状，形象健硕。骆驼驮着乐舞艺人们在大唐街头表演，可不就是"行走的舞台"吗？

演奏家们——男乐伎俑

瞧，驼背上那张方形蓝色花边的波斯毯上，围坐着7个神态各异、沉浸演奏的男乐伎俑。他们演奏的乐器中不乏从西域传入的胡乐。快来听听这些演奏家们的自我介绍吧。

> 我抱着的琵琶早在汉代就自西方传入了中国。唐朝时，琵琶作为胡乐器的代表得到了极高的推崇。

> 我在吹的是横笛，它也来自西域。它音色突出，算得上小型乐器合奏中的主力哦。

> 我在演奏时用的乐器叫拍板，简简单单几块木片串连起来，奏出的声音可清脆了。

> 笙是中国非常古老的吹奏乐器。别看这些音管参差不齐，却能发出高雅清越的乐声呢。

> 哇，在骆驼上开演唱会也太后宫了吧！

> 排箫音色纯美，轻柔细腻，空灵飘逸。既可以独奏，又可以合奏。

> 横吹笛子竖吹箫。我吹奏的箫是中国传统乐器的代表，音色轻柔、典雅。

> 箜篌（kōng hóu）的乐声清冷婉转，我手中是竖弹的竖箜篌，自波斯传入中国后被称为"胡箜篌"。

> 哈哈，唐代像这样精彩的百戏还有很多哦。

演奏家们——女乐伎俑

立在7个男乐伎俑中间的，是一位神态优雅的女乐伎俑。她梳着唐朝女子典型的发型，面颊圆润，体态丰腴，身穿高束腰的长裙，轻拂长袖，似在跟着伴奏的节拍边唱边舞，逼真传神。

唐百戏，超有趣

所谓"百戏"，就是民间各种舞乐、杂技、幻术等的总称，主要是通过丝绸之路从西域传过来的，发展到唐代深受人们的欢迎。骆驼载乐就是一种集乐舞、杂技和马戏于一体的百戏节目。除了骆驼载乐外，其他以百戏表演为题材的唐俑也不少。

顶竿倒立俑

表演者头顶立竿，竿上单臂倒立童子。这杂技的难度系数真高啊！

胡腾舞俑

这位高鼻深目的舞者正跳的是西域特色舞蹈——胡腾舞哦。

37

唐三彩的制作工艺

唐三彩是一种盛行于唐代的陶器。多以白、绿、黄为主要釉色，是中国彩陶艺术的巅峰之作。

所以唐三彩可不是只有三种颜色哦。

三彩

一、选料

高岭土是制作各种陶器的上等材料，采集后再经过挑选、研磨、揉搓等步骤加工成备用的陶泥。

二、制胎

也就是塑形。唐三彩的塑形方法包括轮制、模制、雕塑三种，有时在一件器物上也会将几种方法结合使用。

三、素烧

将制好的陶坯放入窑中，用1100℃左右的高温烧造。冷却后，陶坯呈现出温润的乳白色。

四、施釉

用由不同金属氧化物调制而成的釉料，对陶坯进行上釉。

五、釉烧

将挂上釉色的陶坯进行第二次900℃左右的高温烧制，釉料就会发生奇妙的变化，形成斑斓色彩。

六、开相

如果是人物俑，则还需再加一道工序。因其脸部通常不施釉，所以需要在烧完后用颜料再次涂画。

来自盛唐千秋的舞步
鎏金舞马衔杯银壶

国宝档案

口径 2.3 厘米

高 14.8 厘米

鎏金舞马衔杯银壶

材质：银
所属年代：唐代
现藏于：陕西历史博物馆
出土地：陕西省西安市南郊何家村

国宝小档案

鎏金舞马衔杯银壶，也是一件禁止出国（境）展出的国宝文物。它的壶身呈扁圆形，用纯银制作，仿照游牧民族装水用的皮囊壶和马镫的形状综合打造，反映了当时唐朝与北方民族的文化交流。

独特的锤揲工艺

别看这件国宝块头不大，就是个壶，其制作工艺却大有讲究。

壶面上的骏马不仅翘首鼓尾，衔杯匍拜的姿态栩栩如生，还立体感极强，其五官轮廓、肌肉线条都纤毫毕现——这都得归功于唐朝工匠们高超的锤揲技法。

这种技法利用的是金属的延展性。将一整块银板熔化、提纯后，过银板加热，锤打出壶身的大致形状；再通过壶肚两侧按事先做好的底模，从里向外，锤打出舞马纹；最后把银板两端黏压、焊接，反复打磨平整，进行抛光处理，这才使得器形与纹饰看起来浑然一体。

鸳鸯莲瓣纹金碗

这只金碗锤击成型，器壁则锤作出上、下两层向外凸鼓的莲花瓣纹，工艺精湛。

晚唐莲叶伏龟金盘

盘底中心静静伏在花儿上的那只乌龟，也是锤击而成，是不是很神奇呢？

> 考古出土的唐代金银器采用了锤揲技法的可不在少数……

特殊的舞者——唐代舞马

那么，匠人以纯熟技法在壶身上锤出的"舞马衔杯"又有什么含义呢？

原来，唐玄宗在位期间，将自己的生日设为"千秋节"。节庆活动中，最热闹、最精彩的就是名为"舞马"的祝寿表演啦！舞马经过特殊的训练，能跟随音乐起舞。其中，领头的舞马还会衔起酒杯到唐玄宗面前祝寿。因此，银壶上马儿衔杯跪拜可不是凭空捏造的哦。

可惜，这盛世的舞步终有停歇的一日。安史之乱爆发后，唐玄宗弃城而逃，舞马也从此消失在了历史长河中，只能从文物中一瞥其身影了。

彩绘贴金白陶舞马

这两匹舞马抬着前蹄，似乎正在跟着乐声起舞呢。

唐葵花形鸾鸟舞马纹千秋镜

这面铜镜的镜纽上方有奋首鼓尾、四蹄腾空飞舞的骏马纹饰，姿态生动，足见其飒爽的风姿。

盛极一时的 马球运动

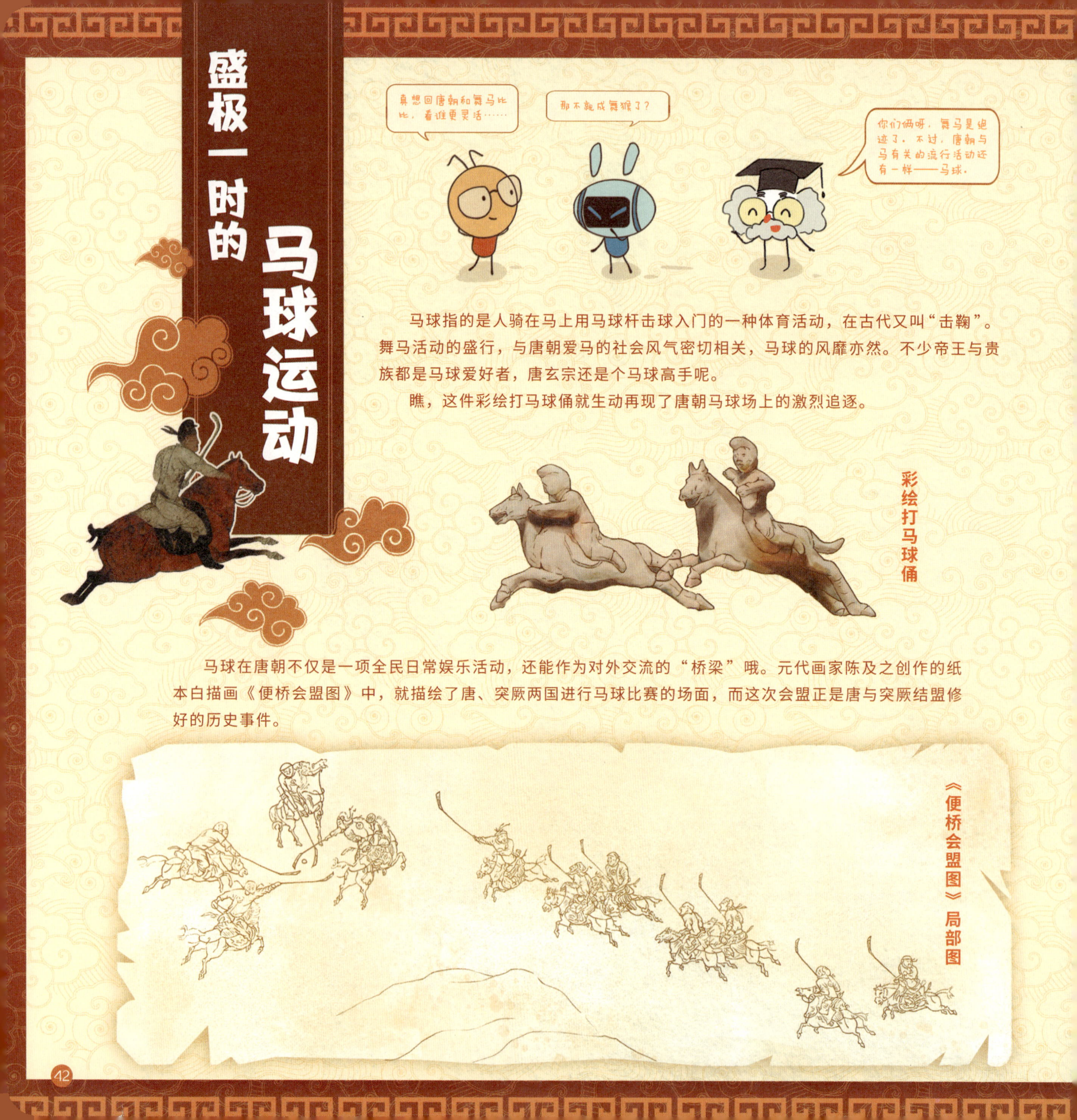

真想回唐朝和舞马比比，看谁更灵活……

那不就成舞猴了？

你们俩呀，舞马是追不了了，不过，唐朝与马有关的流行活动还有一样——马球。

　　马球指的是人骑在马上用马球杆击球入门的一种体育活动，在古代又叫"击鞠"。舞马活动的盛行，与唐朝爱马的社会风气密切相关，马球的风靡亦然。不少帝王与贵族都是马球爱好者，唐玄宗还是个马球高手呢。

　　瞧，这件彩绘打马球俑就生动再现了唐朝马球场上的激烈追逐。

彩绘打马球俑

　　马球在唐朝不仅是一项全民日常娱乐活动，还能作为对外交流的"桥梁"哦。元代画家陈及之创作的纸本白描画《便桥会盟图》中，就描绘了唐、突厥两国进行马球比赛的场面，而这次会盟正是唐与突厥结盟修好的历史事件。

《便桥会盟图》局部图

唐朝人的快乐

除了打马球外，唐朝人的休闲娱乐活动还有很多，"快乐指数"一点儿也不低。

1. 步打球。这项运动是从马球活动演变发展而来的，起源于唐朝。除了不骑马之外，跟马球差不多，孩子们也能玩儿。

2. 蹴鞠，也就是古人的"足球"。唐朝从王公贵族到普通百姓都爱蹴鞠，女皇武则天更是在女性侍卫和宫女中挑选蹴鞠技巧出众者，还组建了一支"皇家女子蹴鞠队"。

3. 角抵，又叫作相扑。唐代宫廷还有专门从事角抵的"摔跤队"，叫作"相扑朋"。

4. 下围棋。不想进行费体力的运动，那就感受一下"烧脑"竞技的乐趣吧。围棋深受唐人喜爱，唐代还设置了专门陪同皇帝下棋的官职，叫作"棋待诏"。

唐朝人的娱乐活动也太丰富了吧！

壁画中的大唐威仪
阙楼仪仗图

国宝档案

长 305 厘米
宽 298 厘米

阙楼仪仗图

类别：墓葬壁画
所属年代：唐代
现藏于：陕西历史博物馆
出土地：陕西省咸阳市乾县乾陵陪葬墓懿德太子墓

国宝小档案

壮阔的青绿远山，巍峨的堂皇宫阙，气派的出行仪仗……唐朝的盛世威仪在《阙楼仪仗图》中展现得淋漓尽致，恍如梦回大唐。这幅国宝级壁画绘于懿德太子墓墓道东、西两壁上，东壁图高3.04米，宽2.96米；西壁图高3.05米，宽2.98米。画面壮阔，人物众多，以山为背景，绘城墙、阙楼与仪仗队。此图是目前发现唐代壁画中场面最盛大的作品。

符形"变变变"

阙楼，是古代宫殿门前两旁的高台建筑物。"阙"字又同"缺"，所以那时候的大臣们都会在经过阙楼的时候反思一下自己有什么缺点。

> 最近我的奏章是不是写少了？今晚该加班了……

阙楼有单阙、二出阙与三出阙之分，三出阙是阙制中的最高等级，本应为帝王独享，但懿德太子地位显赫、身份特殊，其墓中绘制的阙楼就是一组超规格的三出阙。阙楼屋顶的正脊两端还都饰有高高翘起的鸱（chī）尾。

鸱尾，又称鸱吻，是一种龙首鱼身的瑞兽，它常被饰于古代的屋脊两端。据说它能吞火吐水，因此又有避火镇宅的寓意。

气派的仪仗队

瞧，画中即将出城的人马浩浩荡荡，那是太子的仪仗队哦。

这支规模庞大的仪仗队由步行卫队、骑马卫队和车队三部分组成，足有近 200 人。旌旗迎风招展，卫士昂首肃立；三辆豪华的车架前，仪仗伞扇高举蔽日。整个出行场面威严肃穆，气势恢宏，再现了唐朝太子大朝时的情景。

值得一提的是，车架前所插的一种用羽毛和贴金装饰的长扇，样式和形状似与天子所用的雉尾障扇相同。

好气派啊！

号墓为陵——李唐皇室的悲歌

无论是阙楼还是仪仗用具的超规格，都并非画师笔下的谬误，而是源于唐代皇室一种极为特殊的丧葬制度，叫作"号墓为陵"。

"陵"是古代帝王墓的专称，号墓为陵，简单来说就是称陵不称墓，因为墓主人并非帝王，却在墓葬与随葬品的等级上以帝王之制安排。

这种丧葬制度的背后，还藏着一段李唐皇室的悲歌。

墓主懿德太子李重润，是武周皇帝武则天与唐高宗李治的亲孙子，也是唐中宗李显的嫡长子。他本应前程似锦，继承大统，却一度被贬为庶人，甚至在 19 岁时惨死于亲祖母的盛怒之下，成为政治斗争的牺牲品。

也正因如此，唐中宗在复位登基后，才会用天子规格为爱子修建太子墓，让其在地下享受帝王的尊荣，这也算是一种告慰吧。

贵族出行仪仗指南

出行仪仗是古代墓室壁画中的常见题材,彰显着墓主人的身份与地位。那么,唐朝贵族出行必备的气派仪仗有哪些呢?

出行工具类

1. 辂(lù)车

辂车是唐朝天子、太子、王公及四品以上官员外出的乘车,是出行工具中的"Top1"。《阙楼仪仗图》中的辂车应为太子金辂。

2. 牛车

牛车听起来似乎一点儿都不高级,但它确实出现在了唐墓葬壁画中仪仗出行的队列里。牛车一般装饰较为复杂,且有侍从跟随。

唐英国公李勣之子李震墓　牛车图

3. 担子

即轿子,最初是唐朝命妇的出行用具,以轿夫人数来区分乘坐人的身份等级。乘担成为习俗后,有品阶的官员也开始乘坐担子。唐墓中新城长公主墓和永泰公主墓中都有担子出行的画面。

新城长公主墓　担子图

手持用具类

1. 伞盖、仪仗扇

伞盖和仪仗扇是唐代四品以上贵族官僚出行的仪仗用具。仪仗扇的种类很多，包括雉尾扇、团扇、偏扇、方扇等，都能区分身份。

初唐阎立本所绘《步辇图》中，交叉于唐太宗身后的仪仗扇，正是雉尾障扇。

2. 旗帜

旗帜也是仪仗队列中的显著标志。唐代壁画中的旗帜都是红色的，但身份不同，旗帜上的动物纹与旒数不同。旒数越多，地位越高。

3. 武器

仪刀、长剑、箭囊等都是高规格的仪仗用具。贵族出行时，随从的仪卫佩刀持弓，严阵以待，这气派令人望而生畏。

长乐公主墓《甲胄仪卫图》

千年前的暗香
葡萄花鸟纹银香囊

国宝档案

葡萄花鸟纹银香囊

材质：银
所属年代：唐代
现藏于：陕西历史博物馆
出土地：陕西省西安市何家村窖藏

直径 4.5 厘米

国宝小档案

香囊是唐代贵族妇女的流行饰物，但这件镂空缠枝纹银香囊却刷新了我们对布兜样式香囊的认知。一颗金属球也能做香囊吗？当然是肯定的。这种香囊的顶部设有环链和挂钩，球体分内、外两层，内部构造精妙，小巧玲珑，既可随身佩戴，也可系在床帐车幔上，是极其珍贵的历史文物。

暗香巧浮动

这球怎么是镂空的呀，香料难道不会漏出来吗？

哈哈，放心，唐朝工匠早就考虑到这一点啦！

子母扣

葡萄花鸟纹

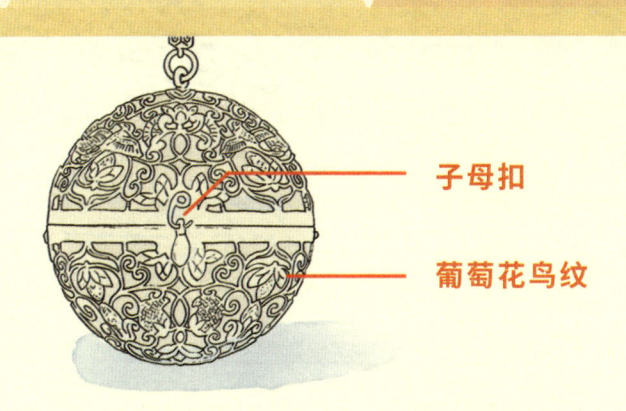

外机环

内机环

焚香盂（盛放香料）

外壁（镂空）

下半部分的球体内部设有一个精巧的平衡装置，原理与陀螺仪相同。这使得球体不论如何晃动，香盂受重力作用始终保持水平，香料就不会轻易洒落。这一设计体现了中国古代发达的科技与先进的工艺水平。

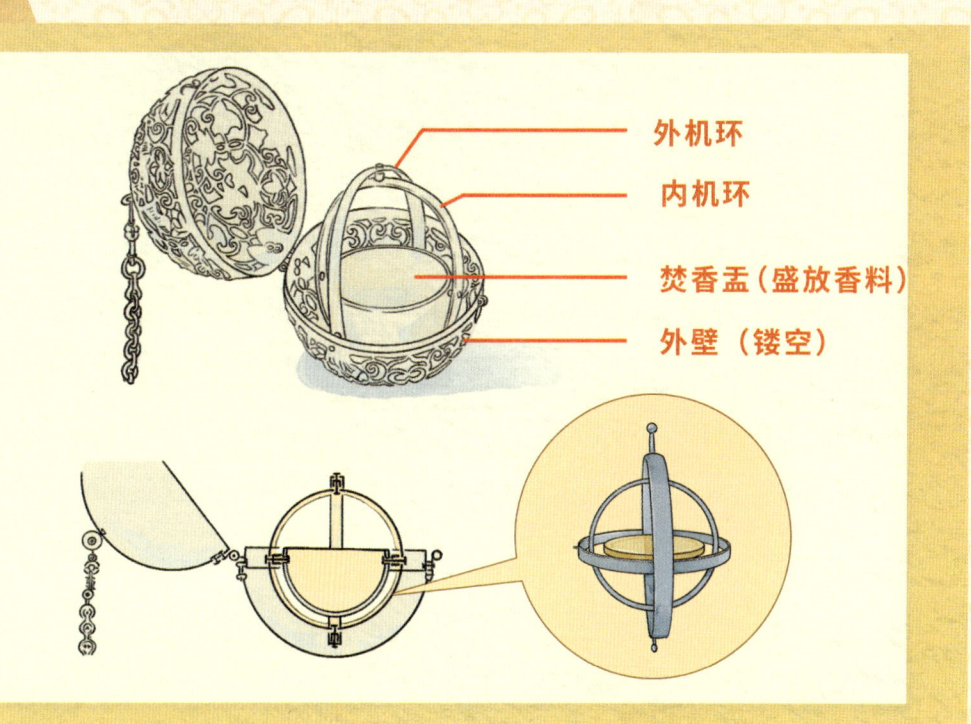

贵妃同款香囊

这样独具匠心的香囊大约只有唐朝贵妇才用得起。据说，唐朝的杨贵妃就佩戴过同款的银香囊呢。不仅如此，这香囊背后还隐藏着一段凄美的爱情故事。

安史之乱爆发后，叛军攻入长安，唐玄宗带着杨贵妃出逃。

唐玄宗逃到马嵬（wéi）驿（今陕西省兴平市以西）时，随驾的将士不仅杀死了误国的奸臣杨国忠，还要求唐玄宗将杨国忠的族妹杨贵妃也处死。

必须杀了这红颜祸水！

马嵬驿

面对将士的胁迫，唐玄宗为求自保，无奈之下只能赐死杨贵妃。

一年后，重回长安的唐玄宗思念杨贵妃，又派亲信去寻回她的遗体迁葬，却只得到"肌肤已坏，而香囊犹在"的口信。

古人的浪漫

在古代，香囊既有熏香、装饰之用，又常被作为承载相思的传情之物，于恋人之间互赠。《红楼梦》中，林黛玉就曾给宝玉做过香囊，一针一线都凝结着她的情思。

除了香囊外，古人其实还有不少暗藏浪漫、象征爱情的定情信物。

玉佩

孔子认为玉具有仁、智、义、礼等十一种君子的品德。所以，古时君子们将玉来赠给心上人作为定情信物，显得节制有礼。

梳子

古代的女子出嫁时，家中长辈会为其梳头，有"一梳梳到底，二梳白发齐眉，三梳子孙满堂"之说。因此，恋人若以梳为赠，就是表达想和对方白头偕老的意思。

发簪、发钗

发簪、发钗也是定情信物。因为钗由两股制成，恋人或夫妻在离别时，往往分钗各执一股，好在分别之后，睹物思人。

手帕

手帕作为女子的贴身之物，也常被用于传情。作为丝织品，手帕也有着"横也丝（思）来竖也丝（思）"的妙意。

同心结

同心结，取"永结同心"之意。相恋的男女佩戴上就能让爱情如结，难解难分。古时的一些婚俗中，也有同心结的身影。

红豆

"玲珑骰子安红豆，入骨相思知不知。"红豆作为一种"相思豆"，男女用它相赠来表达相思之情。

花椒

除了红豆外，古人还曾以花椒作为定情之物。"视尔如荍，贻我握椒"，《诗经》中就有讲到姑娘送给心上人一捧定情花椒，以此表白的故事。

跟着唐人去狩猎
狩猎出行图

国宝档案

《狩猎出行图》局部

狩猎出行图

类别：墓葬壁画
所属年代：唐代
现藏于：陕西历史博物馆
出土地：陕西省咸阳市乾县李贤墓

国宝小档案

旌旗猎猎，奔马嘶鸣。这幅长约277.5厘米、绘制于章怀太子李贤墓墓道东壁上的国宝级壁画《狩猎出行图》，用笔洒脱，线条流畅，还巧妙地运用了斜坡墓道，使这支声势浩大的狩猎队伍如同从古木森森的大道上呼啸而出，把我们带回千年前唐朝贵族出猎的壮观现场。

章怀太子李贤是唐高宗李治的第六个儿子，能力出众，曾奉诏监国，深受朝野赞誉。但他却遭生母猜忌，被贬为庶人，最终在流放之地受逼自尽。

唐人的狩猎阵容

从《狩猎出行图》来看，唐朝贵族出门狩猎的阵仗可不小。快来学习一下在唐朝要如何配置狩猎队的阵容才能威风凛凛地出猎吧！

1. 导骑在前

瞧，在狩猎大队的前方不仅有探路的骑兵策马飞奔，还有仪卫手中的旐旗迎风猎猎，彰显出主人尊贵的地位。

2. 中队簇拥

一马当先的导骑之后有轻装简从的骑手们策马扬鞭。透过画面都能想象到人喊马嘶、尘土飞扬的情景了。

3. 后卫紧随

紧随其后的后卫们个个看起来身手矫健、骑术高超，仿佛都能听到他们打猎时急促的马蹄声了。

4. 后勤齐备

队伍最后，还有两匹负重的骆驼驮着狩猎队出行时使用的生活用具，表明后勤准备充足。

> 这出猎阵容太气派啦，不愧是太子！

> 不过这么多人里，哪一个才是章怀太子李贤呢？

> 你看我像不像同手同脚？其实，我走的叫作对侧步！

> 有学者推测，第二幅画面最前方那位男子很可能就是墓主人章怀太子。因为他所骑的白马行走时步伐特殊，可以让骑者免于颠簸之苦，是唐朝身份高贵者才能拥有的坐骑。

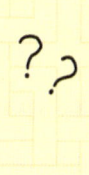

唐人的狩猎日常

唐朝皇室以马背取天下，王公贵族间好猎之风盛行。大量狩猎题材的壁画、陶俑、金银器、铜镜等，都反映了狩猎已经成为贵族们的日常娱乐活动。

三彩绞釉骑马射猎俑

> 这位年轻帅气的唐朝小哥侧身仰望，张弓搭箭，也不知是瞄准了天上的哪只鸟儿？

> 杯身虽小，杯壁上猎者策马疾驰、追逐猎物的刺激场面却刻画得扣人心弦。

狩猎纹高足银杯

唐人的狩猎"心机"

除了休闲娱乐外,唐朝的狩猎活动背后还藏着其他的"心机"。一场大型的皇家狩猎活动就相当于一场军事演习。对猎物进行围追堵截时,得讲究排兵布阵,也需默契配合,这样才能具有很好的练兵效果。在狩猎中表现突出的骑射人才,自然会被选拔出来进行培养,为朝廷所用,一举两得。

这次我一定要好好表现!

唐人的狩猎"猛宠"

唐人狩猎,还会带上鹰、犬、猎豹、猞猁（shē lì）等"猛宠"来帮忙哦。据史料记载,唐朝设有雕、鹘（hú）、鹞（yào）、鹰、狗五坊,就是当时贵族专门用来饲养及训练这些动物的机构。

你在《狩猎出行图》中发现它们的身影了吗?

猞猁属于猫科,是一种中型猛兽,可以被驯养成助猎的动物。这位骑士的马后蹲踞着的就是一只深受唐朝贵族喜爱的猞猁。

同是猫科动物,猎豹更为人熟知,迅猛程度就不用说了,它在动物界就是捕猎的好手。图中的猎豹与主人乘一马,正准备随时配合主人发起一场完美的猎捕行动呢。

猎犬嗅觉敏锐，也是打猎的好帮手。《狩猎出行图》中的猎犬被骑手抱于怀中，看起来很是亲密，应该是"老搭档"了。

同行狩猎的"猛宠"有地上跑的，自然也有天上飞的。鹰是常见的助猎动物，视力极好，可以在空中巡猎，猎物都逃不过它们的眼睛。

这位骑士手臂上架着的爱宠叫作鹞，又称灰鹰。鹞体型较小，是一种中型猛禽。它飞起来不仅速度快，且动作轻巧敏捷，最擅长捕获狐狸、野兔等藏在草丛里的动物了。

曲水流觞的浪漫
鎏金蔓草纹银羽觞

国宝档案

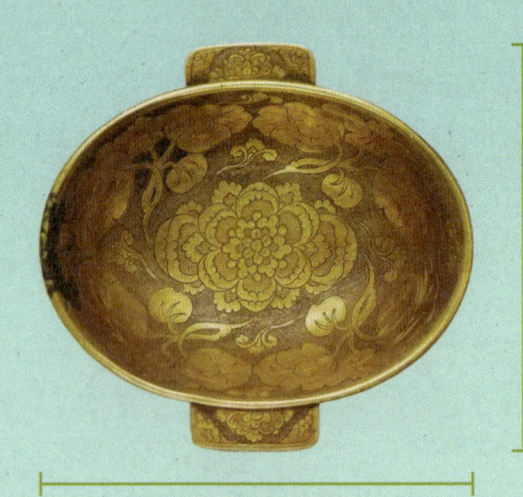

高 3.2 厘米
宽 7.5 厘米
长 10.6 厘米

鎏金蔓草纹银羽觞

材质：金、银
所属年代：唐代
现藏于：陕西历史博物馆
出土地：陕西省西安市南郊何家村

国宝小档案

这件椭圆形的唐代羽觞是国家一级文物。因为杯子两侧的半月形双耳如同鸟的双翼，故名羽觞，又俗称为耳杯。文物通体雕饰的各色纹样皆是盛唐的"流行款"，内底中心的一朵蔷薇式团花姿态饱满。羽觞历经千年，仍不改熠熠金光，华贵大气，尽显唐代金银器的富丽堂皇。

羽觞与祝寿

羽觞是中国古代的一种盛酒器具，目前出土最早的羽觞来自战国时期。当时，羽觞就已成为贵族宴会上流行的酒具，留下过"以觞敬酒"、祝愿客人长寿的记载。

到了汉代，"称觞献寿"作为一种礼仪被固定了下来，宫中与民间皆行此习俗，并为后来的朝代所延续。

唐代羽觞主要仿自汉代漆器，也常被作为献寿的礼器。

西汉「君幸酒」漆耳杯

小贴士

注意，用羽觞祝寿时，千万不能只用单手，必须双手执耳，才符合礼仪哦。

羽觞与酒文化

"觞"作为羽觞的简称，十分自然地融入了古代的酒文化之中。

古人把依次敬酒叫作"行觞"，把饮酒时玩的游戏——行酒令，称为"觞政"。

行酒令可分为"雅令""通令"和"筹令"。

边喝酒还能边玩游戏？

当然能了，而且古人行酒令的方式还五花八门呢！

雅令

"雅令"，顾名思义，适合文人雅士来玩儿，对诗、对对联等，比如十分出名的"飞花令"，若没有诗词基础，就只有等罚的份儿喽。

花开堪折直须折。

落花人独立。

还有什么带"花"的诗词来着？

通令

"通令"的玩法就简单多了，有掷骰、划拳、投壶等，既能活跃气氛，又没有文化门槛，普通百姓也能玩儿。

筹令

"筹令"雅俗兼备，就是抽签。抽签者根据句意指出谁要喝酒、罚酒或是敬酒等。走文艺路线的人可以在签上写文学典籍里的句子；走通俗路线的人，签文就可以写大白话。

千呼万唤始出来……

哈，这是让迟到的人喝酒！

那不就是我吗？

羽觞与雅集

其实，古人还有一种行酒令的方式，也是文人墨客最爱的集会活动，叫作"曲水流觞"。

曲水流觞的惊艳亮相

"曲水流觞"这项活动，曲水和羽觞都是不可或缺的要素。

文人雅士们找一处曲折的溪流岸边列座，把盛了酒的羽觞放进水中，羽觞顺水漂流，便是"流觞"。羽觞停在谁的面前，谁就要饮酒作诗。

大书法家王羲之曾在兰亭清溪与朋友们进行过"曲水流觞"的活动，令后世惊艳。被称为"天下第一行书"的《兰亭集序》就是在这次雅集中写下的。

虽无丝竹管弦之盛，一觞一咏，亦足以畅叙幽情。

还记得我们欣赏过王羲之的哪幅书法作品吗？

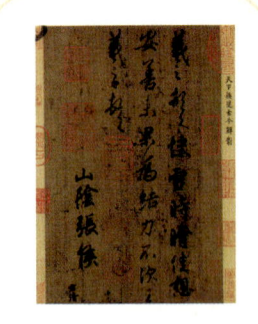

答案：《兰亭集序》。

古老浪漫的上巳节

其实,"曲水流觞"在发展成为文人雅士的诗酒集会之前,上巳节的传统习俗就已经有一些了。

上巳节,俗称三月三。古人把这一天作为祓除祸灾、祈降吉福的节日。

这一天,人们都要进行"祓禊",就是结伴去河边用香草沐浴,因此上巳节也叫作"春浴日"。据说这样做可以洗去人身上的晦气,消灾祈福。周朝时,还有专门的女巫掌管此事呢。

后来,这种习俗渐渐演变成了去郊外踏青、春游。许多年轻男女就借机互诉爱意,以芍药定情,于是上巳节又变成了古老的"情人节"。

奇妙的"魔壶"
青釉提梁倒灌壶

国宝档案

高 18.3 厘米

青釉提梁倒灌壶

材质：瓷
所属年代：五代
现藏于：陕西历史博物馆
出土地：陕西省咸阳市彬县（现为彬州市）

国宝小档案

青釉提梁倒灌壶，又名五代耀州窑青釉刻花提梁倒流壶，简称"倒注壶"或"倒流壶"。这件国宝通体施淡青釉色，不仅造型别致，"颜值"也超高。最关键的是，其内部结构也十分精巧，大有乾坤，还因此被誉为"千年魔壶"呢！

这只壶有点儿"萌"

远看之下，这只青釉提梁倒灌壶就是个圆球形的壶。可仔细一瞧，你发现了吗？原来它的造型可别致啦！那上边的壶盖形似"柿蒂"，而整个壶身就是一个从枝头垂挂下来的可爱团柿呢！

这只壶有点儿"酷"

在中国人的传统观念中,凤凰代表祥瑞,是鸟中之王;牡丹代表富贵,是花中之王;狮子则威震四方,是兽中之王。这件青釉提梁倒灌壶居然一下子就把三者都给集齐了,这也太酷了吧!

看,壶的提梁是一只展翅欲飞的凤凰。

壶嘴处的设计最显匠心,一只正在哺乳的狮子妈妈的腹下,竟还有只正在吸吮母乳的小狮子呢!

壶的腹部雕刻着栩栩如生的缠枝牡丹。

难怪这件国宝还有个"三王壶"的称号,真是名不虚传啊!

这只壶有点儿"怪"

整只壶的构思精巧,各处雕饰珠联璧合,是件巧夺天工的艺术品。可为什么它会被称为"魔壶"呢?

或许,你听过这样一句俗话,叫作"哪壶不开提哪壶"。这件国宝就是个"不开"的壶——它虽有壶盖,但与壶身、提梁却是相连的,并不能打开。

非但如此,只要把这只壶倒过来,你还会发现这壶的底部居然还有个梅花形的小孔!

壶盖虚设,壶底漏水,这还怎么用呀,实在太奇怪啦!

好在现代科技手段能对"魔壶"进行X射线"透视",这才解开了其中的奥秘。

原来,这只壶的内部有导管,巧用了物理学中"连通器液面等高"的原理制作而成。

当连通器中只有一种液体,而且液体不流动时,各容器的液面总保持相平。

需要往壶里灌水时,就把壶倒过来,将水从壶底的梅花孔注入,直到壶嘴儿往外流水了,就表示灌满了。

等壶灌满水后,再把壶身正过来,由于壶内的水面不会超过导管的高度,所以水也不会从梅花孔中漏出。

至于喝水时,只要微微倾斜壶身让壶嘴向下就行,用起来和别的壶也没什么两样,充分体现了古人的智慧。

魔壶的"摇篮"——耀州窑

在宋代，耀州窑是与定、汝、官、哥、钧五大名窑齐头并驱的北方民窑窑系，青釉提梁倒灌壶就是其烧制出的珍品。

耀州窑青瓷的装饰技法主要为划花、刻花和印花，刻纹非常清晰，史称"刀刀见泥"。

宋耀州窑青釉刻花牡丹纹梅瓶

这件北宋耀州窑青釉刻花牡丹纹梅瓶，刻画有纹饰三组，无论是缠枝牡丹纹、莲瓣纹还是双弦纹，刀锋都十分犀利，刚劲有力，均体现了耀州窑青瓷的特点。

"百变"的倒流壶

作为古代的"黑科技"，倒流壶虽然都遵循着同一个原理制作而成，但造型风格各有特色。

宋青白釉蟠螭提梁倒流壶

优雅如这件宋青白釉蟠螭提梁倒流壶，壶身为瓜棱球形，巧塑螭龙来形成壶流与提梁，雅韵十足。

清桃式倒流锡壶

新巧则如这只清桃式倒流锡壶，整个壶就像一个硕大的桃子，壶流与壶柄都作桃枝状，趣味盎然。

古人的"神"设计

见识过了"倒注正流"的倒流壶，不妨再来瞧瞧怎么都装不满的公道杯吧！

这件绿地粉彩紫砂公道杯是清代文物，杯子的形状像一片展开的荷叶，中间还坐着一位慈眉善目、怀抱莲蓬的仙人。

当古人将酒缓缓地倒入此杯时，仙人就会跟着不断上升。升到一定的高度后，如果再倒酒，酒就会从杯子的底部全部漏出去啦！

这是怎么回事呀？

其实，秘密就藏在公道杯的小莲蓬里。工匠应用了物理学中的虹吸原理，在小莲蓬里放入一只倒 U 形管，管子长的一端连接着杯底的小孔。当杯内酒的高度超过 U 形管的顶部时，酒就会受压强的影响，从短端进入 U 形管，再从小孔中流出。

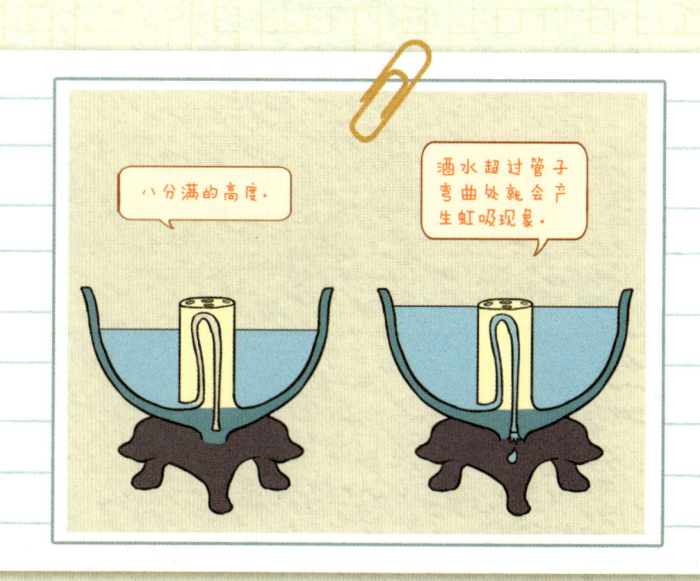

八分满的高度。

酒水超过管子弯曲处就会产生虹吸现象。

因此，公道杯除了能避免贪杯外，还暗含为人处世的道理：做人就如同喝酒一样，也不能贪得无厌哦！

图书在版编目（CIP）数据

陕西历史博物馆 / 程琳著；布谷童书绘. -- 太原：三晋出版社，2024.2. --（博物馆里的中国）. -- ISBN 978-7-5457-2987-0

Ⅰ．K87-49

中国国家版本馆CIP数据核字第2024Q4B625号

陕西历史博物馆

著　　者：	程琳
绘　　者：	布谷童书
责任编辑：	张丹华
特约编辑：	张靖爽

出 版 者：	山西出版传媒集团·三晋出版社
地　　址：	太原市建设南路 21 号
电　　话：	0351-4956036（总编室）
	0351-4922203（印制部）
网　　址：	http://www.sjcbs.cn

经 销 者：	新华书店
承 印 者：	雅迪云印（天津）科技有限公司

开　　本：	787mm×1092mm　1/12
印　　张：	5.5
字　　数：	55 千字
版　　次：	2024 年 2 月第 1 版
印　　次：	2025 年 1 月第 1 次印刷
书　　号：	ISBN 978-7-5457-2987-0
定　　价：	48.00 元

如有印装质量问题，请与本社发行部联系　电话：0351-4922268